Alois Epple

In und um Türkheim und im Urlaub

Aquarelle von 1994 bis 2005

Herstellung und Verlag:
BoD - Books on Demand, Norderstedt
ISBN 978-3-7448-6920-1

Vorwort

Wie kam es zu diesem Büchlein?
Dass ich nicht malen kann, weiß ich selber. Mir fehlt auch die Zeit, um dies zu üben, denn es gibt so viele andere Sachen, die ich ebenfalls gern mache. Ich glaube aber, dass jeder, der sich gern Gemälde anderer Maler in Ausstellungen und Museen anschaut, selbst versuchen sollte, zu malen. Erst dann kann er abschätzen, wie großartig manche Bilder gemalt, mit welcher Finesse sie komponiert sind.
Landschaften malen heißt, genau hinschauen. Man kann eine Landschaft nicht besser erfassen, als wenn man sie malt oder wenigstens versucht, sie zu malen.
Schon jahrelang fragt mich ein Kunstmaler, ob und wie er einen Katalog seiner Bilder erstellen soll. Ein Katalog bei einem Kunstverlag heraus zu bringen ist ihm zu teuer und die potentielle Käuferschaar zu gering. Mit diesem Büchlein will ich besagtem Kunstmaler eine Möglichkeit zeigen, wie man einen Katalog auch preisgünstig erstellen kann, wenn man bereit ist, eine geringere Qualität der Abbildungen in Kauf zu nehmen.
Urs Widmer schrieb „das Buch des Vaters". Darin schildert er, wie nach dem Tod seines Vaters dessen bedeutender Schriftverkehr sofort gedankenlos entsorgt wurde. Bei etwas Gedrucktem hat man die Hoffnung, dass vielleicht nicht jedes Exemplar weggeworfen wird und wenigstens einige eine Überlebenschance haben.
Ein letzter Grund, warum ich dieses Büchlein machte, ist, dass man ab und zu ein kleines Geschenk braucht. Was soll man aber Leuten schenken, die schon alles haben bzw. die nichts mehr brauchen? Kinder die kein Geld haben schenken oft Selbstgemachtes, obwohl es meistens keinen Qualitätskriterien entspricht! Also mache ich es den Kindern nach.

Dieses Büchlein ist nicht paginiert, jedes abgebildete Aquarell hat aber eine Nummer.

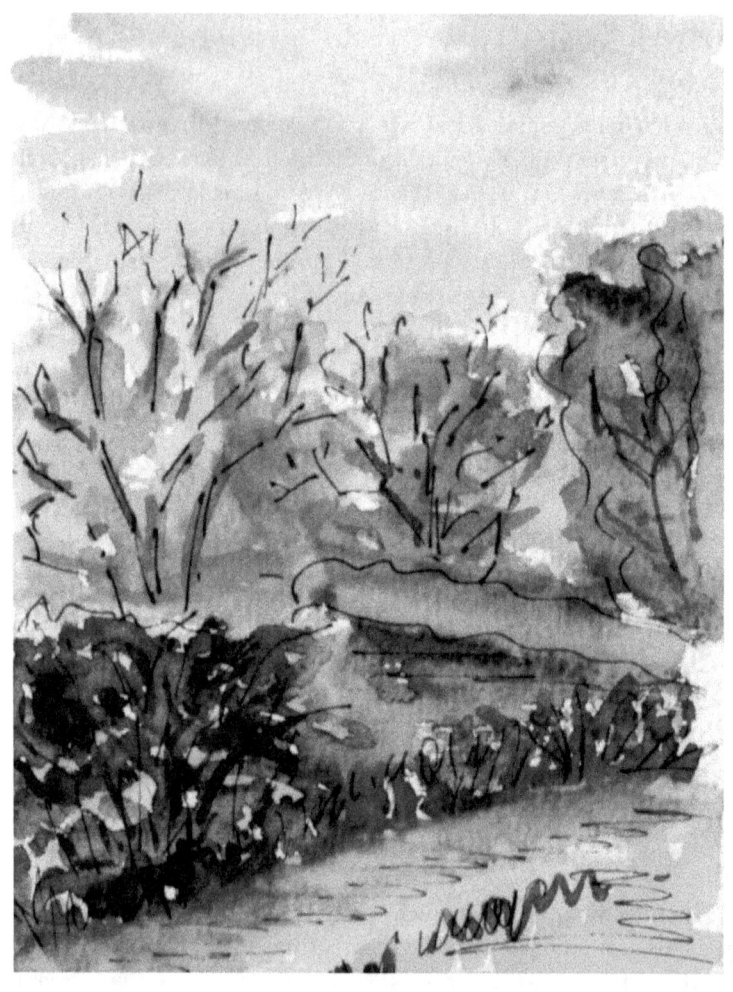

1 Herbst in unserem Garten, Gouach, 11,3 x 14,8 cm, 1994
In unserem Garten stehen ein Hartriegel, dahinter eine Linde und eine Esche. Im Herbst, wenn sich die Blätter verfärben, ergibt sich hier eine Kombination aus roten Hartriegel und gelben Lindenblättern; gemischt wird daraus das Grün des Grases.

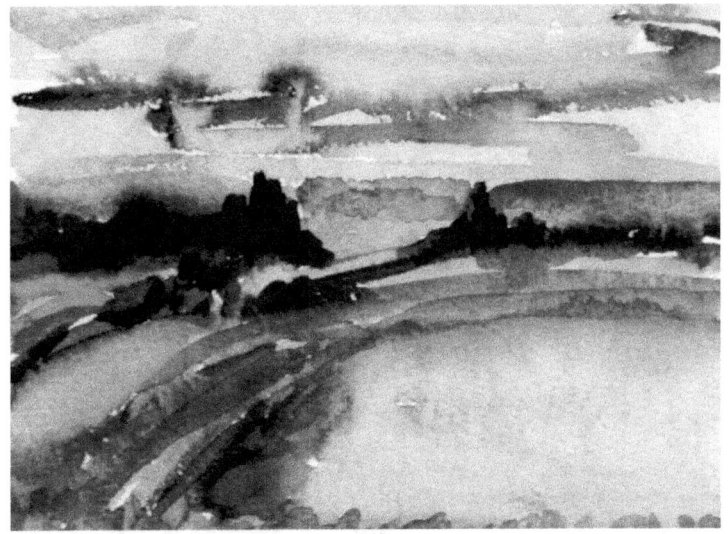

2 Weiher bei Mindelheim, Wasserfarben 14,8 x 11,2 cm, 1996

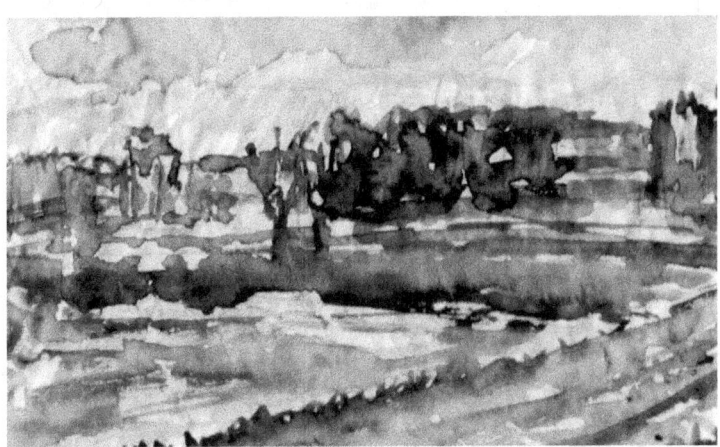

3 Landschaft bei Türkheim, Wasserfarben auf zerknittertem „Butterbrotpapier", 23 x 13 cm, 1998
Im Herbst kontrastiert das Braun der abgeernteten, gepflügten Äcker mit dem dumpfen Grün der Wiesen und dem blaugrün des Waldes auf den Riedeln. Das zerknitterte Papier soll Landschaft und Himmel eine Reliefierung geben.

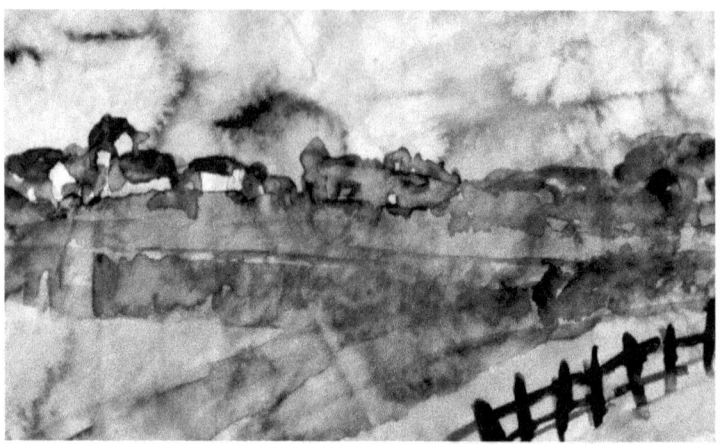

4 Landschaft bei Türkheim, Wasserfarben auf zerknittertem Einwickelpapier, 13 x 8 cm, 1998
Ein mittelschwäbisches Dorf liegt leicht erhöht, rechts davon Bäume, davor Wiesen und ein Streifen Acker. Das zerknitterte Papier zeigt Wolkenstrukturen, welche auf einem glatten Papier kitschig wirken würden, und belebt das Relief.

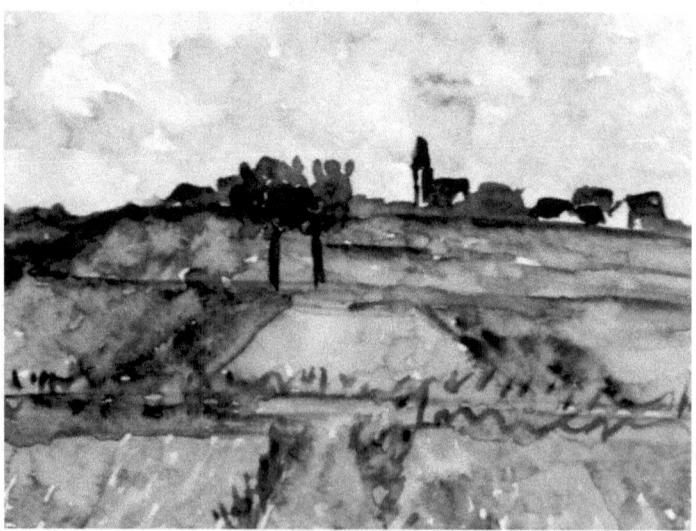

5 Amberg von Westen aus gesehen, Wasserfarben, 15 x 10,8 cm, August 1996
Von Westen aus betrachtet liegt das Dorf „auf dem Berg". Besonders markant zeigt sich von hier aus der Kirchturm. Die Hauptwege der Türkheimer Flur – Äcker, Wiesen, Weiden - vor Amberg verlaufen von S nach N (hier horizontal), die Feldwege, welche die Flur gliedern, rechtwinklig hierzu.

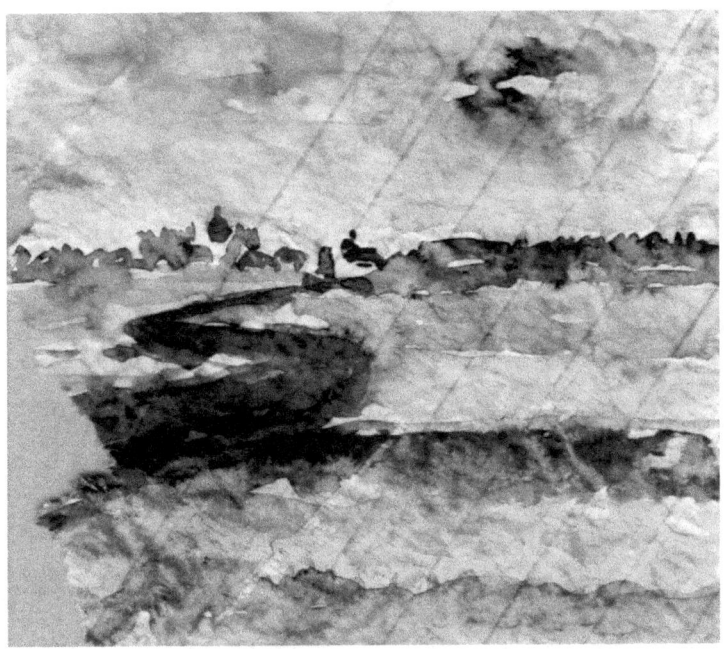

6 Blick auf Wiedergeltingen, Wasserfarbe auf Butterbrotpapier, 12 x 11 cm, Herbst 1998
Nach der Türkheimer Wertachbrücke zieht eine Teerstraße nach Wiedergeltingen. Im Herbst liegen beidseits der Straße fahlgrüne Wiesen und Weiden, braune, abgeerntete Äcker, gelbe Senfflächen und erntebedürftige Maisgebiete.

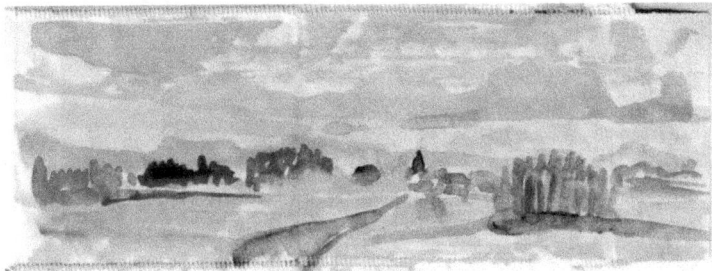

7 Blick auf einen mittelschwäbischen Riedel, Wasserfarben auf Teebeutelverpackungspapier, 16 x 6,2 cm, 1997
An den Rippeln unten und oben erkennt man, dass es sich hier um einen aufgetrennten Teebeutelumschlag handelt. Typisch für eine mittelschwäbische Landschaft sind die Talebenen mit ihren Wiesen und dazwischenliegenden Baum- und Strauchgruppen und im Hintergrund die bewaldeten Riedel.

8 Bei Föhn, Wasserfarben, 15 x 11 cm, 1997
Baumgruppen zwischen Äckern und vor allem auf Wiesen. Bei Föhn lassen sich im Süden die Berge erahnen. Die Baumgruppe rechts soll dem Bildchen Tiefe geben, die Straße soll in die Landschaft hineinführen.

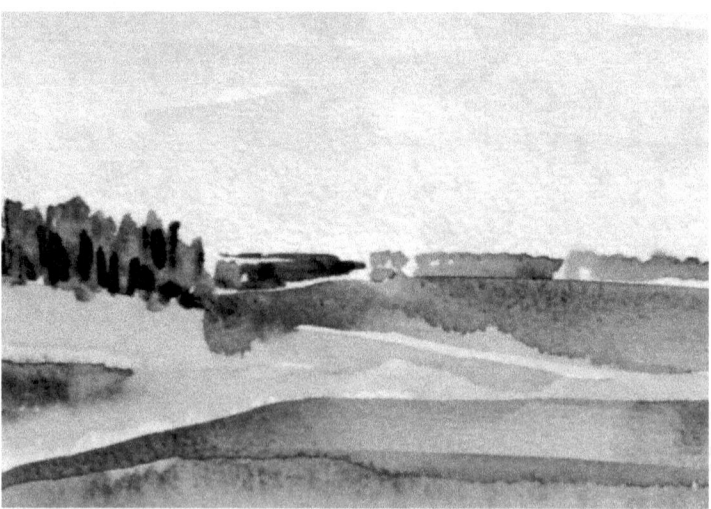

9 zwischen Türkheim und Berg, Wasserfarben, 15 x 11cm, 1997
Schaut man von der Wertach nach Westen, so liegt im Vordergrund die Ebene mit Äckern und Wiesen. Im Hintergrund zieht sich ein Riedel hin, auf dem Wald steht.

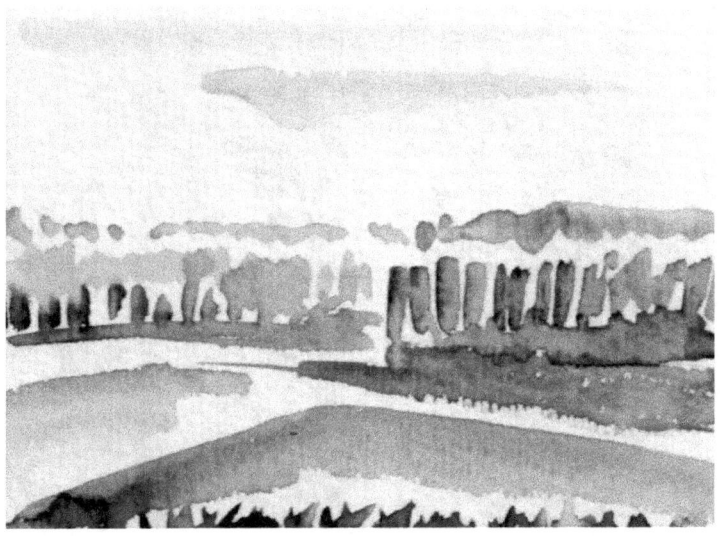

10 mittelschwäbische Riedellandschaft, Wasserfarben, 14 x 9,8 cm, 14. März 1997
Acker, Wiesen, Wald auf dem Riedel, das ist der typische Dreiklang in Mittelschwaben.

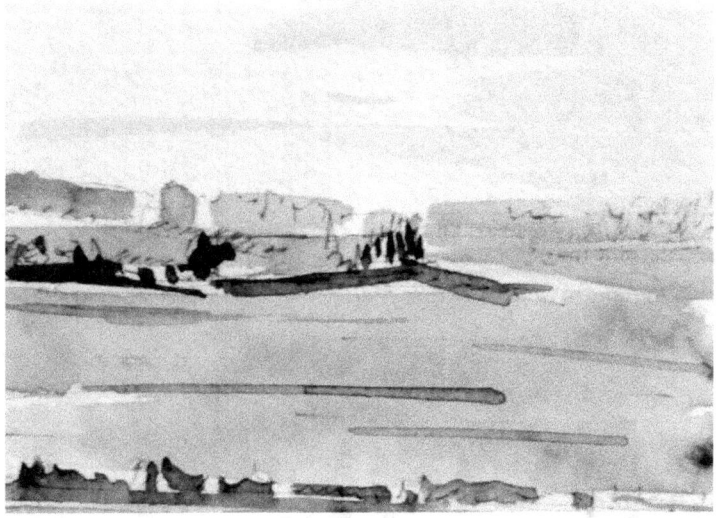

11 Mittelschwaben, Wasserfarben und Filzstift, 13,9 x 10 cm, 1997
Im Süden Mittelschwabens fehlen Äcker weitgehend. Hier gibt es nur den Zweiklang zwischen Wiesen und Wälder auf den Riedeln.

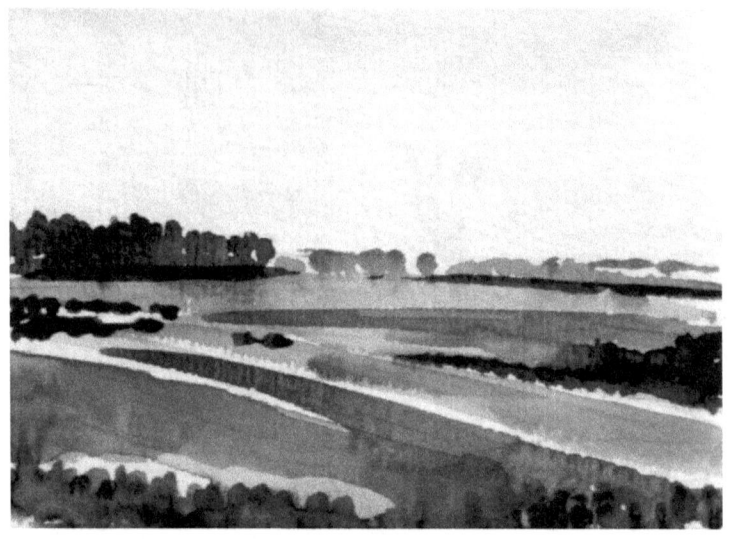

12 nördlich von Türkheim, Wasserfarben, 15 x 11,1. März 1997
Blick von der Wertach nach Westen. Rechts, nicht mehr im Bild, liegt der Weiler Berg, links ist das „Berger Hölzle". Die Felder im Vordergrund laufen rechtwinklig auf die Wertach zu.

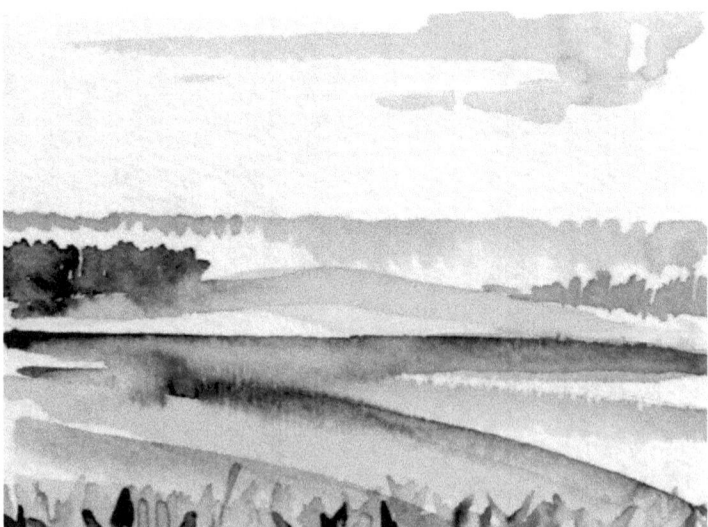

13 nördlich von Türkheim, Wasserfarben, 15 x 11 cm, 1997
Während obiges Aquarell 12 eine trübe Herbststimmung zeigt, wurde dieses Bildchen an einem sonnigen Mittag gemalt.

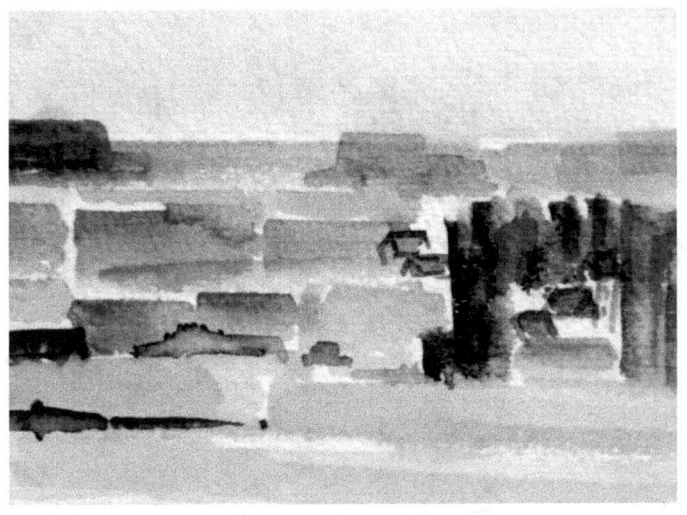

14 mittelschwäbisches Dorf in Landschaft, Wasserfarben mit Bleistift, 14,8 x 10,9 2006
Die mittelschwäbische Landschaft ist eingebettet zwischen von N nach S verlaufenden Riedeln und Tälern mit Äckern und Wiesen und Wäldern. Horizontal hierzu stehen Baumgruppen. In dieser Naturlandschaft sind Dörfer eingebettet.

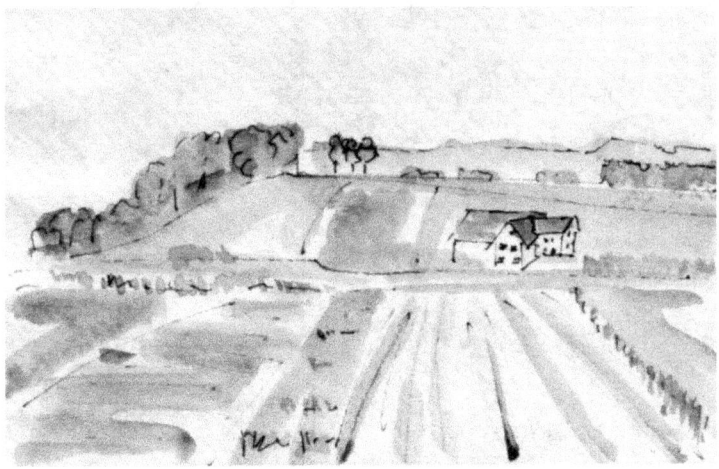

15 Webermühle bei Türkheim, Wasserfarben und Filzstift, 14, 8 x 11,3, um 1998
Blickt man von den Wertachauen nach Westen so sieht man die Webermühle unterhalb des Goldbergs. Unter ihr führte die alte Römerstraße von Kempten nach Augsburg vorbei. Auf dem Goldberg (li.) hatten die Römer ihr Kastell.

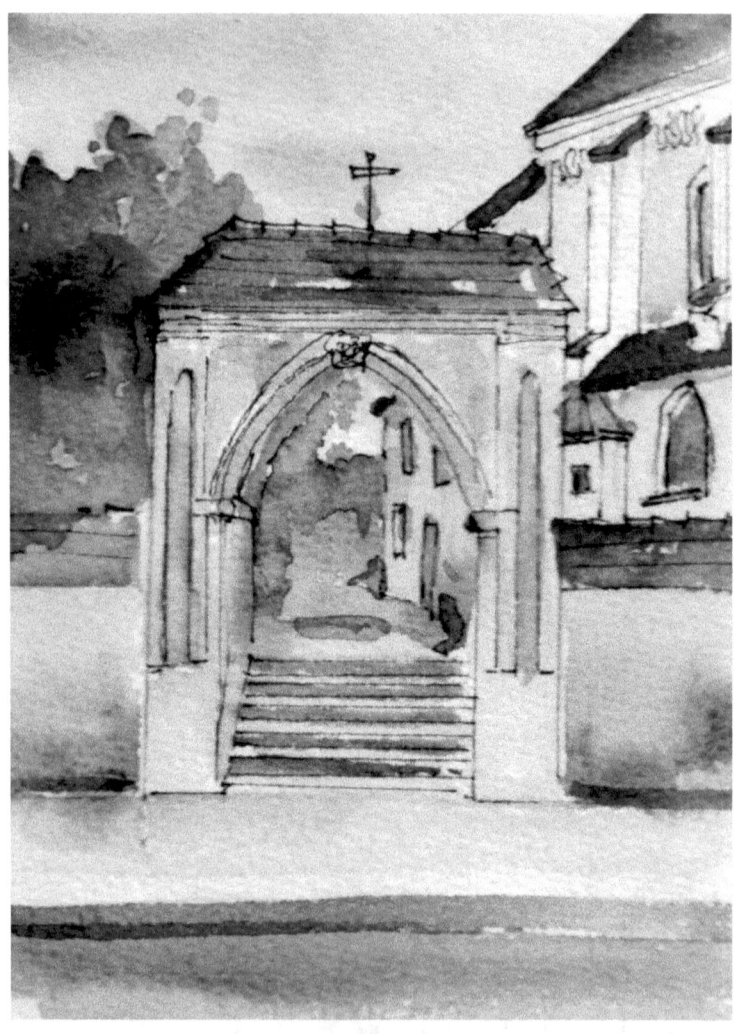

16 Nordwestaufgang von der „Hauptstraße" her zum alten Friedhof um die Pfarrkirche, Wasserfarben und Filzstift, 8,7 x 14,7 cm, 2000

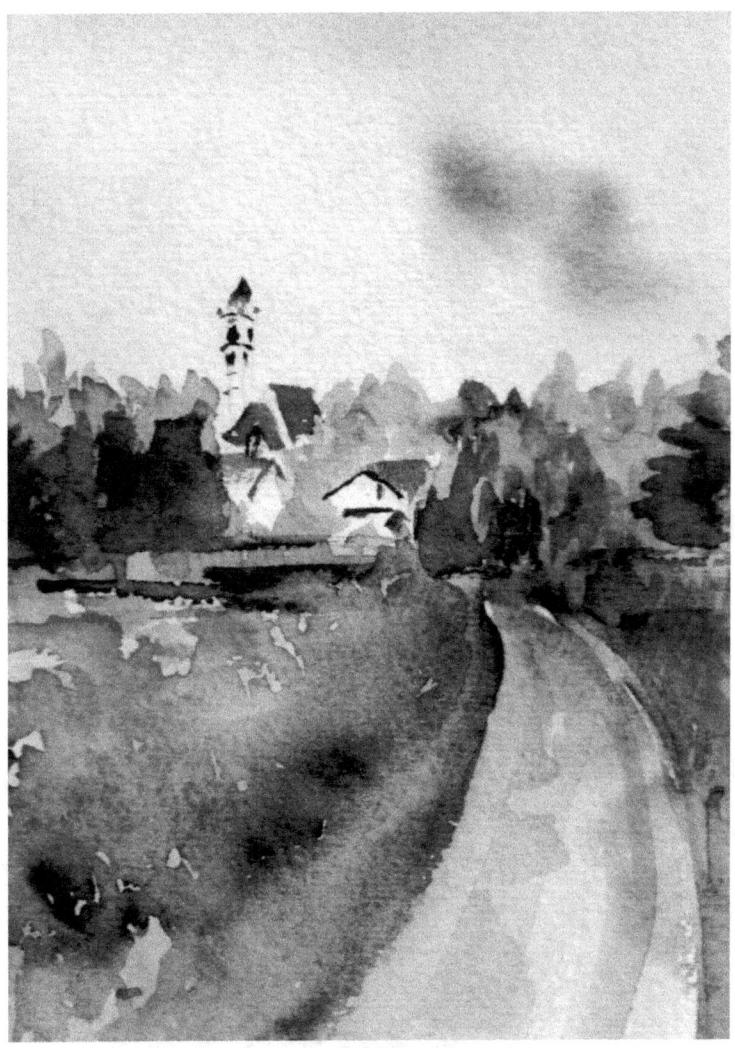

17 Türkheim von Osten, Wasserfarben, 17 x 24 cm, 2000
Schaue ich von meinem Haus aus nach Westen, so sehe ich die Pfarrkirche, vor allem den Turm, und einzelne Hausdächer zwischen hohen Bäumen. Im Vordergrund sind noch Wiesen, unbebaute Flächen. Wo früher ein schmaler Weg „in den Flecken" führte, verläuft heute eine breite Straße.

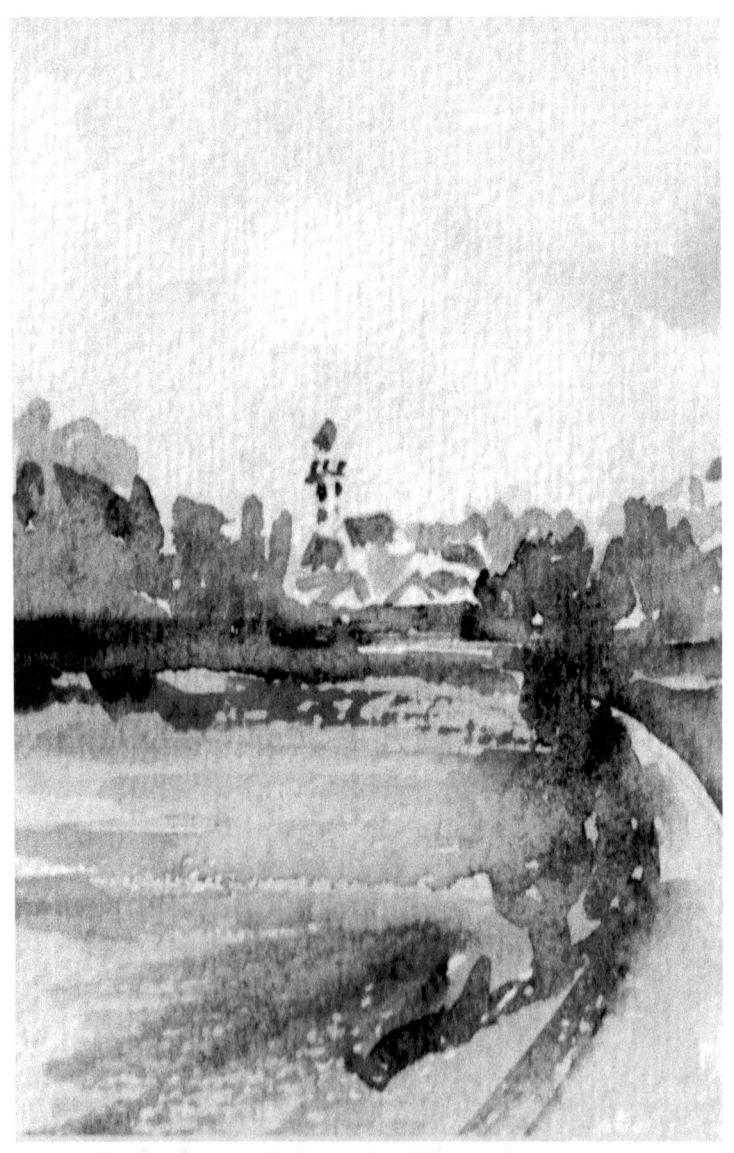

18 Türkheim von Osten, von meinem Haus aus, Wasserfarben, 11 x 15 cm, 2001

19 Türkheimer Pfarrkirchenturm vom Pfarrgarten aus, Wasserfarben, 10,8 x 15 cm, 1996
Der Pfarrgarten ist eine große Grünfläche, mitten im Ort. Rechts der ehemalige Zehentstadel, heute Pfarrheim.

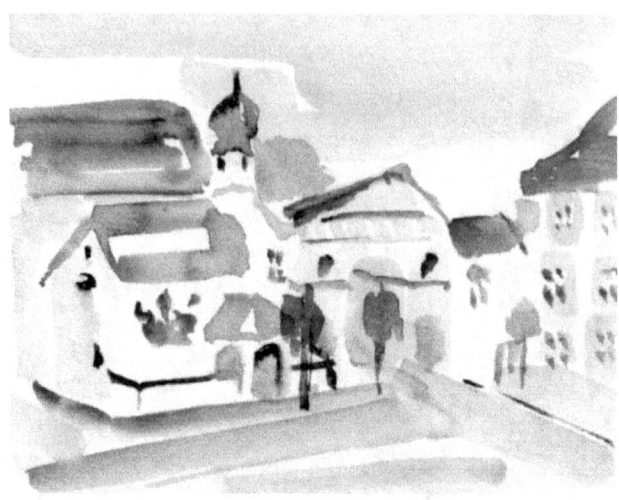

20 Loretokapelle, Ludwigstor, Kleines Schloss in Türkheim, Wasser-farben, 16 x 11,8 cm, 1998
Eines der schönsten Ensembles in Türkheim ist Schloss-Ludwigstor-Kloster-Loretokapelle. Zeitlich und architektonisch platzt der „Torbogen" etwas aus diesem Ensemble.

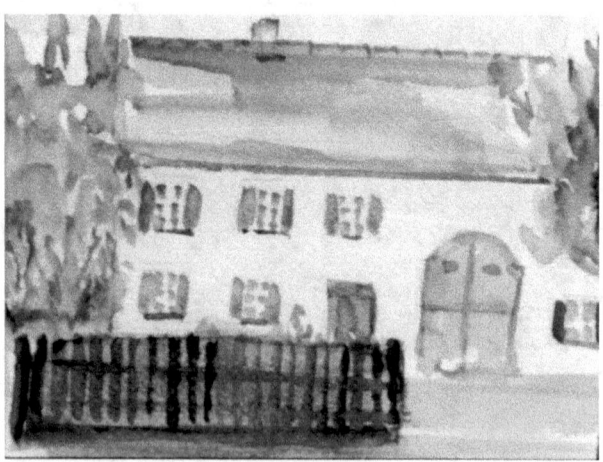

21 Holzheu in der Grabenstr. 3 (zwischenzeitlich abgebrochen), Wasserfarben, 14,8 x 10,8 cm, 1996
Westlich vom Gasthaus Bäurle wurde Ende des 20. Jahrhunderts ein altes Bauernhaus abgebrochen und ein Parkplatz daraus gemacht. Das Haus stand, wie ursprünglich alle Häuser dieser Straße, mit dem Trauf parallel zur Straße. Es war, in Türkheim selten, ein Mittertennenhaus., d.h. die Tenne lag zwischen Wohnbereich und Stall. Vor dem Haus befand sich ein Wurzgärtlein.

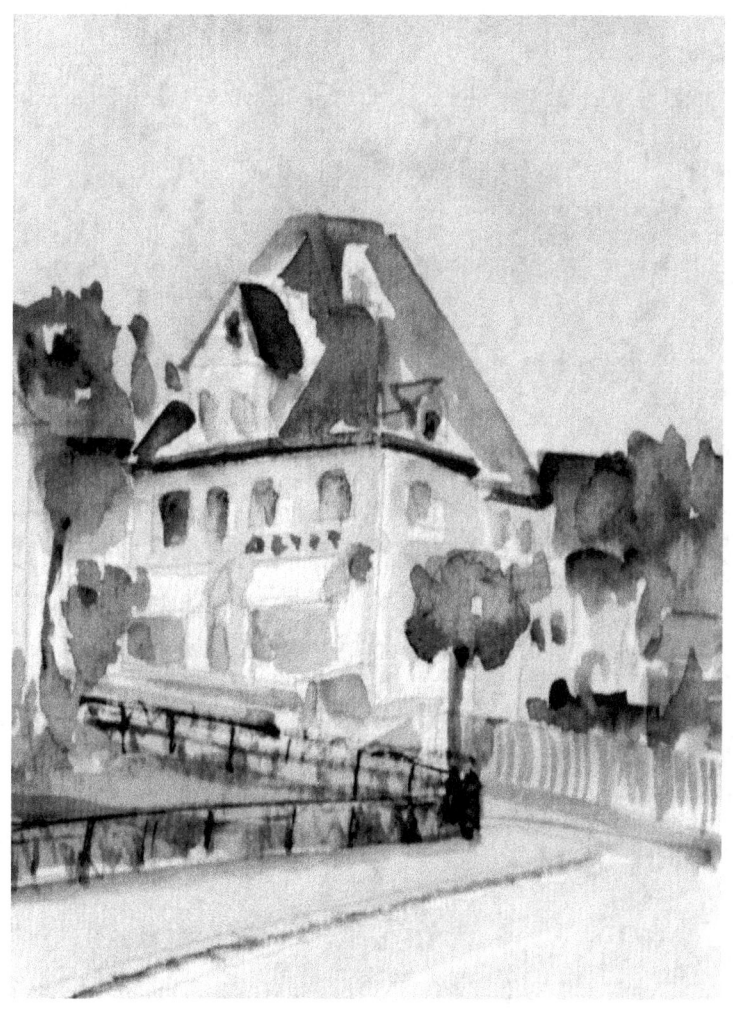

22 Cafe Lupp in der Bahnhofstraße 6, Wasserfarben, 11 x 15 cm, 1996
Dieses Haus beherbergte eine Bäckerei und eine Konditorei, hier erkennbar an den beiden großen Fenstern im EG. Es liegt an der Bahnhofstraße, die erst Ende des 19. Jahrhunderts angelegt wurde. Für die damalige Zeit typisch ist das Walmdach.

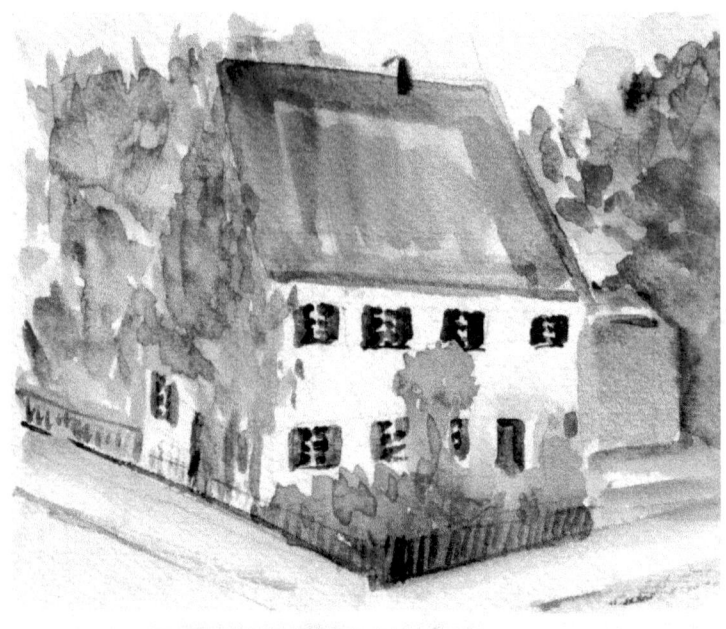

23 Fischerhaus, Türkheim Grabenstr. 19, Wasserfarben, 16 x 12 cm, um 1994
Das ehemalige Fischerhaus, heute dümmlich „Gehenselhaus" genannt, dürfte noch auf herzogliche Zeiten in Türkheim zurückgehen. Beeindruckend waren der große Spalierbaum, welcher die ganze Südfront des Hauses einnahm, das steile Dach und das Wurzgärtlein. Das Haus brannte in den 1980er Jahren nach einem Blitzschlag teilweise ab und wurde daraufhin sofort abgebrochen und die Reste beseitigt. Thomas Ackermann machte den Vorschlag, die Ecken des Grundrisses durch Ziegelmauern anzudeuten. Leider wurden hierfür plumpe, gebietsuntypische Steinklötze verwendet, peinlich! Hier wurde vorgesehene Schönheit durch dümmliche Plumpheit ersetzt.

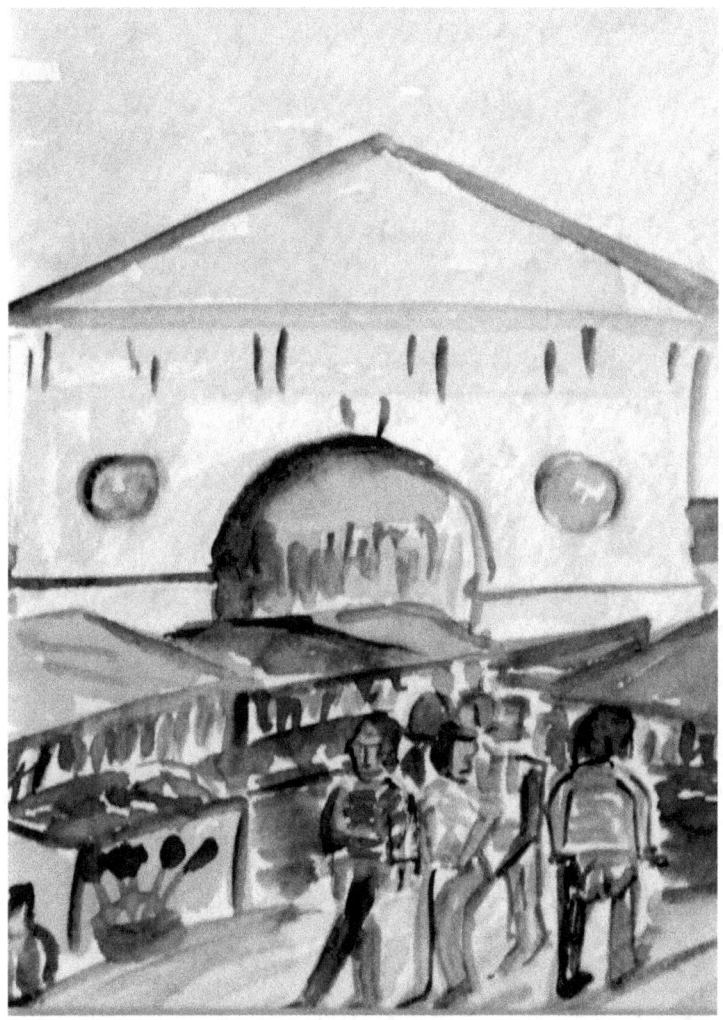

24 Marktsonntag in Türkheim, Wasserfarben, 10,8 x 14,7 cm, um 1996
Immer am 2. Sonntag im Mai und im Oktober ist in Türkheim Jahr-Markt. Er zeigt augenfällig die frühere Zentralität von Türkheim.

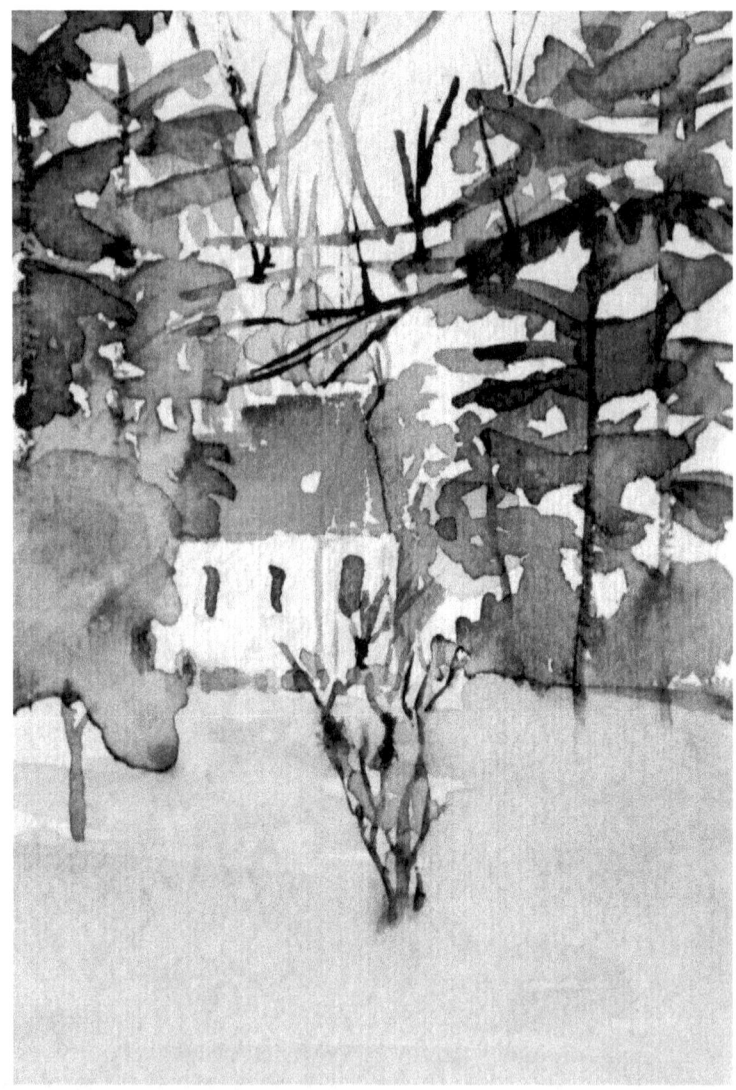

25 Peter- und Paulkapelle beim Zollhaus (Unterirsingen), Wasserfarben, 11 x 15,8, 1996
Wo die alte Salzstraße über die Wertach führte steht eine Kapelle, welche ihren Ursprung schon in fränkischer Zeit haben dürfte. Das rote Dach platzt zwischen den Bäumen hervor und kontrastiert zum Grün der Wiese.

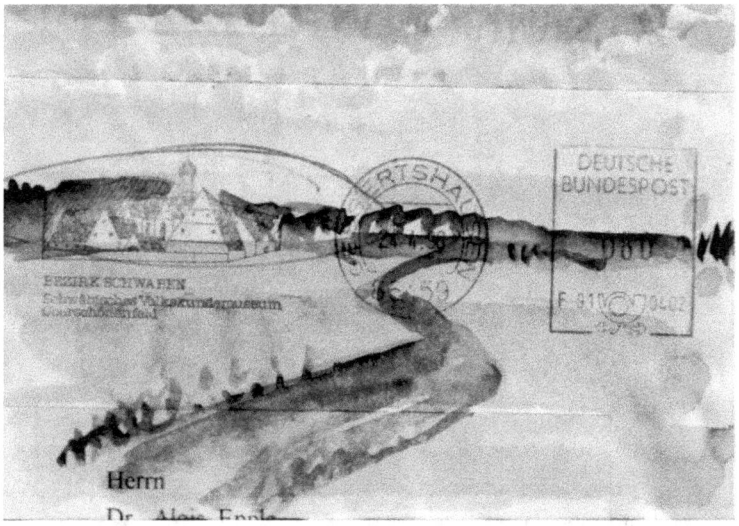

26 Oberschönenfeld, Wasserfarben auf Briefkuvert, 12,3x 8,5 cm, 1998
Auf den Briefkuverts sind manchmal Stempel, welche ein Objekt zeigen, hier Oberschönenfeld, und ein Datum, hier 24.4.98. Mit Kolorierung erinnert dieser Umschlag an einen Besuch des Volkskundemuseums Oberschönenfeld.

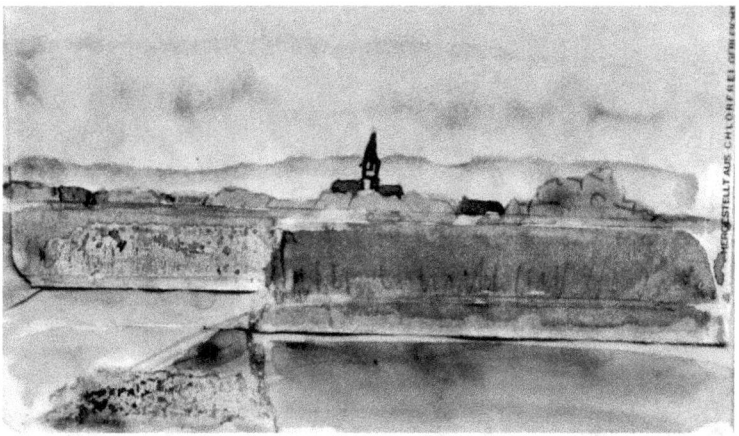

27 Amberg, Wasserfarben auf Rückseite eines geöffneten Kuverts, 16 x 9,8 cm, 1998
Innen ist ein Kuvert mehrfach zusammengefaltet und geklebt. Die Papierränder geben hier der Landschaft Struktur. Die Klebungsrückstände sollen auf die Bodenkrümmelung eines Ackers aufmerksam machen.

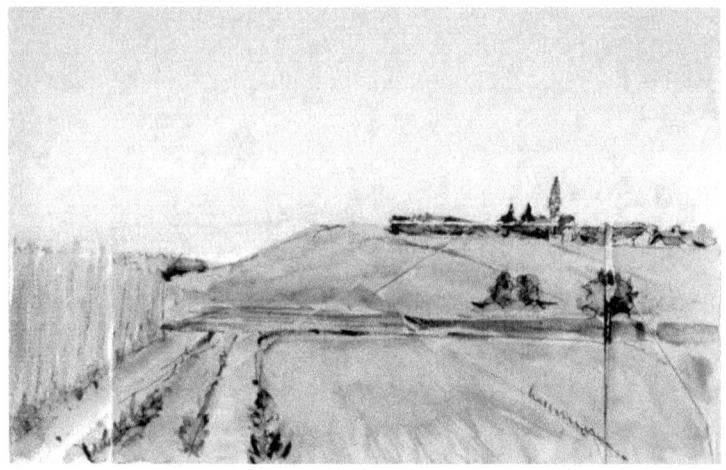

28 Blick vom Westen auf Amberg, Wasserfarben auf Briefumschlag, 23 x 16,7 cm, 2002
Vom Westen aus gesehen liegt Amberg auf einer Erhebung. Links steht, wie eine Wand, ein Maisfeld. Neben diesem führt ein Feldweg das Auge des Betrachters auf diese Erhebung zu. Papierränder des Kuverts geben der Flur eine zusätzliche Einteilung.

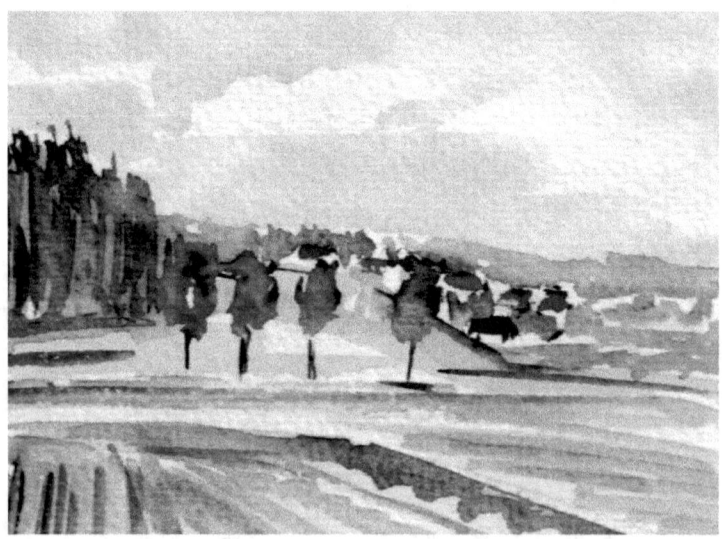

29 Berg von SE aus gesehen, Wasserfarben, 14,8 x 10,8 cm, um 1996

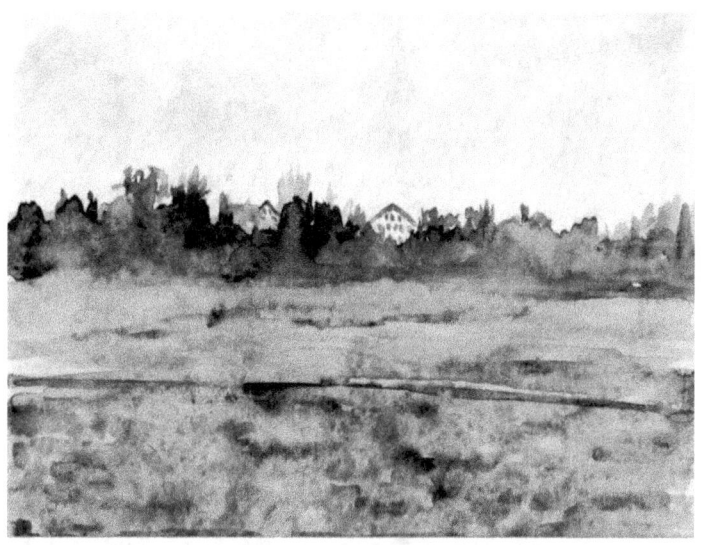

30 Blick von Osten auf Berg, Wasserfarben, 24 x 17 cm, 1999
Im Vordergrund liegt die Wertachebene. Parallel dazu erhebt sich im Hintergrund ein mit Büschen bewachsener Riedel hinter dem zwei Bauernhäuser von Berg herauslugen.

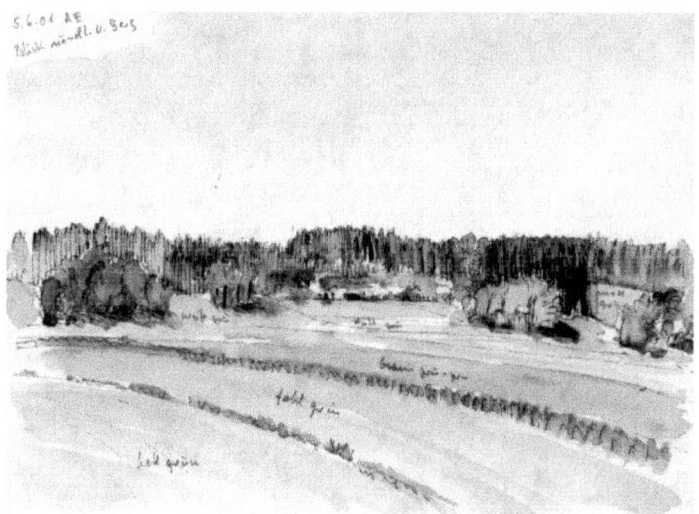

31 Nördlich von Berg, Wasserfarben und Filzstift, 24 x 17 cm, 5. Juni 2001
Nördlich von Berg erstrecken sich die Bärenau und das Kastenholz. Hier staffeln sich Wiesen, ein Maisfeld, Weiden mit Baum- und Buschgruppen und schließlich der Wald hintereinander.

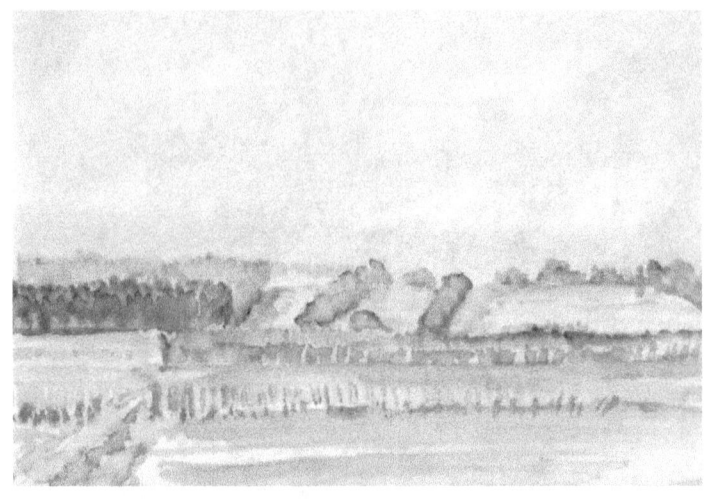

32 Haldenberg bei Türkheim, Wasserfarben, 24 x 17 cm, um 2003
Schaut man westlich von Türkheim nach Norden, so schaut man in das Flossachtal, hinter dem der Haldenberg aufsteigt. Heute gibt es in der Talebene Wiesen, Äcker, Maisfelder. Der Haldenberg ist teils bewaldet, teils liegen hier Wiesen, die durch Buschgruppen voneinander abgetrennt sind.

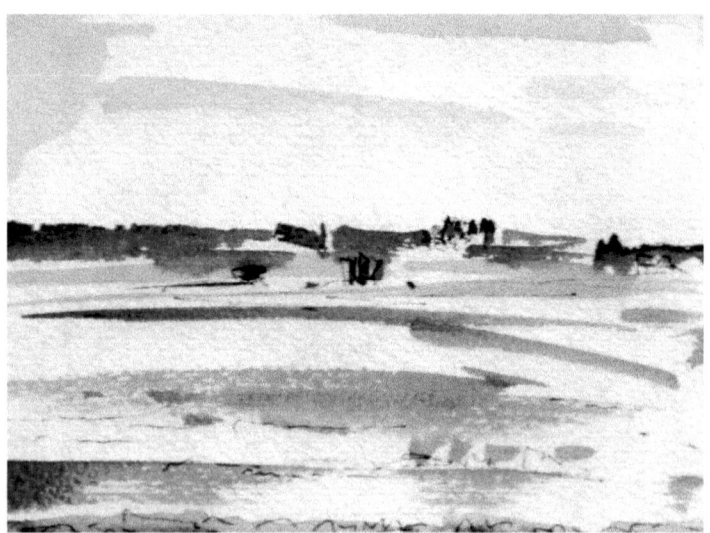

33 mittelschwäbische Landschaft, Wasserfarben, 15 x 11 cm, um 1998

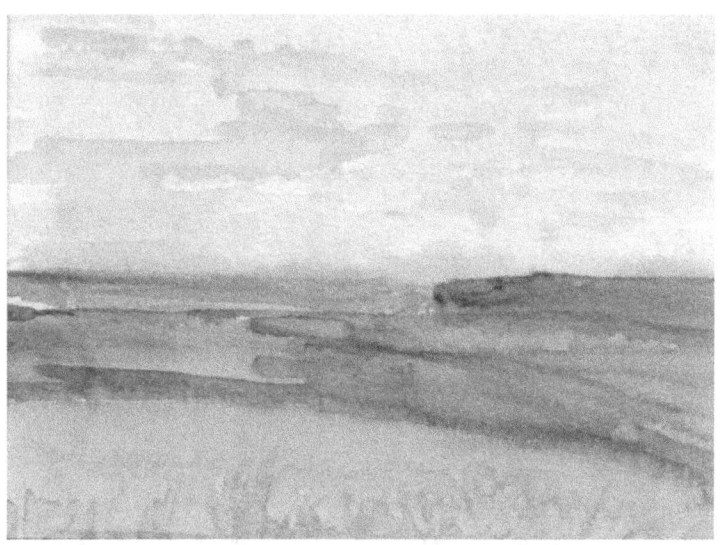

34 mittelschwäbische Landschaft, Wasserfarben, 15 x 11 cm, 1997

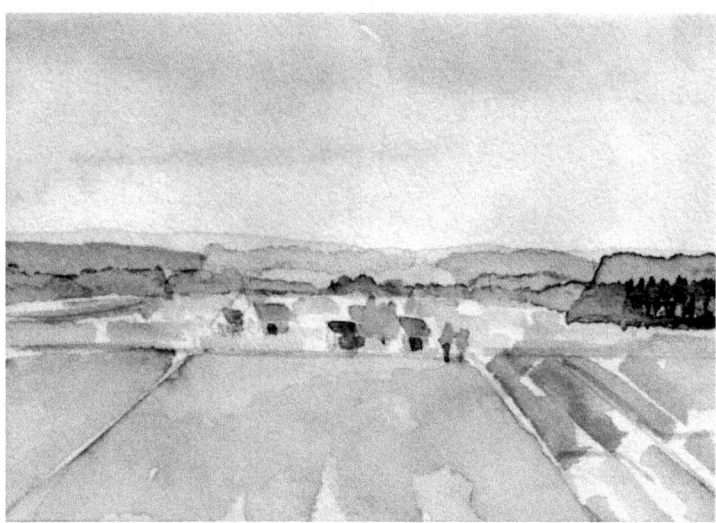

35 vom Haldenberg aus, Wasserfarben, 15,6 x 11 cm, August 2004
Steht man auf dem Haldenberg und schaut nach Südwesten in das Flossachtal hinein, so sieht man im Hintergrund bewaldete Riedel und Hügel und manchmal auch die Vorberge der Alpen.

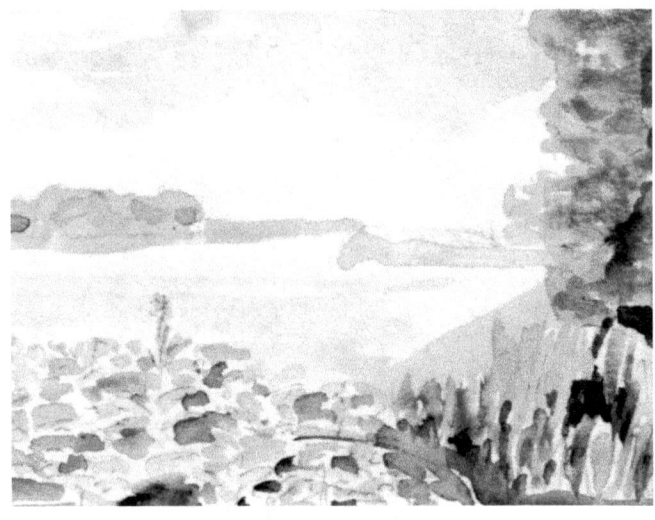

36 am „Unteren Wehr" bei Türkheim, Wasserfarben, 15 x 11,3 cm, um 1998
Rechts geben hohe Büsche dem Bild einen Halt. Im Vordergrund steht hohes „Unkraut".
Danach erstreckt sich eine gemähte Wiese. Im Hintergrund führen eine Buschgruppe und ein
Waldstreifen das Auge in den Himmel hinüber.

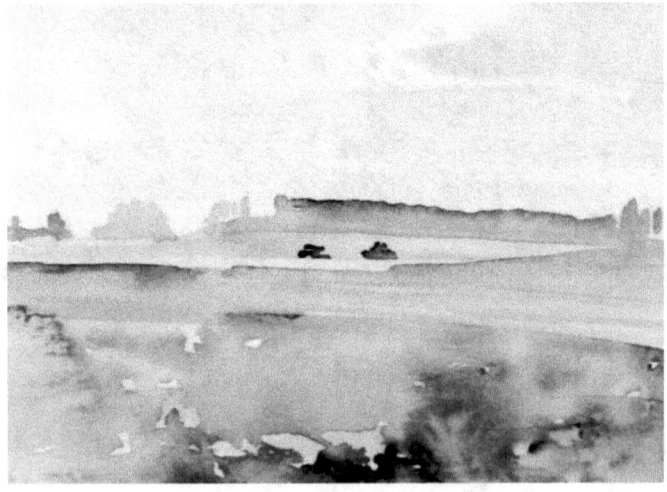

37 mittelschwäbische Landschaft, Wasserfarben, 15 x 11 cm, um 1998
Ein Lieblingsmotiv ist der Blick von der Wertachebene nach Westen auf den Riedel südlich
von Berg. Die Strukturlinien der Landschaft laufen hier parallel. Es staffeln sich die
Wertachebene, der Riedelhang und der Waldstreifen hintereinander.

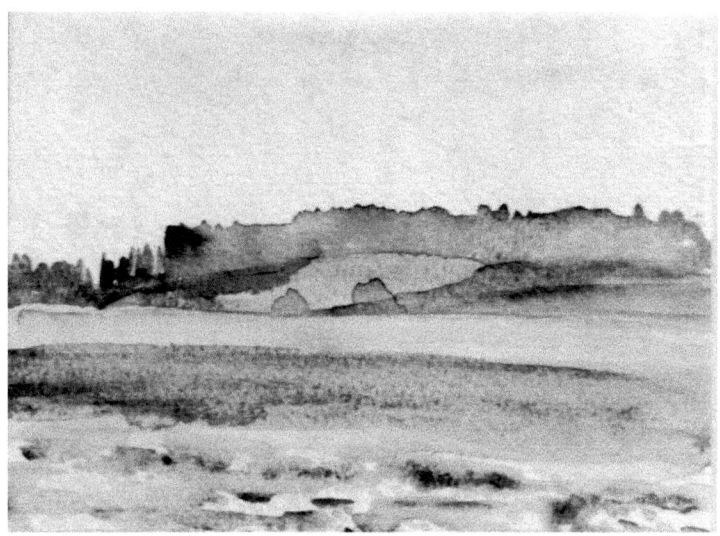

38 Blick von Osten auf den Goldberg, Wasserfarben, 15 x 11 cm, 2006

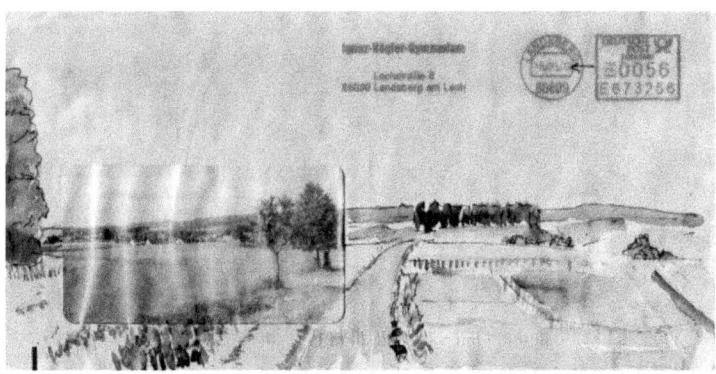

39 Mittelschwaben, Kollage auf Briefumschlag, Wasserfarben, Filzstift, Foto aus einer Zeitung im Sichtfenster des Umschlags, 22,5 x 11 cm, um 1999
Bildträger ist ein Briefumschlag. In das Fenster wurde ein Landschaftsfoto aus einer Zeitung geklebt und auf dem Umschlag die Landschaft ergänzt.

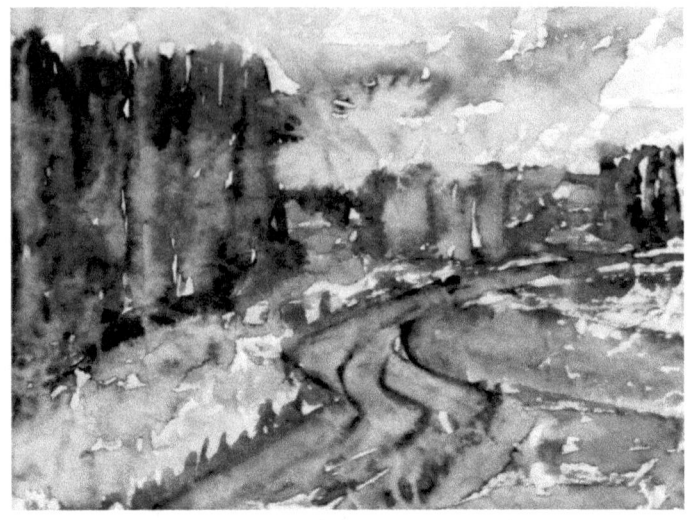

40 im Bayerischen Wald, Wasserfarben auf zerknittertem Butterbrotpapier, 14,8 x 10,4 cm, 1997
Der Bayerische Wald wirkt, besonders an Regentagen, trübe und träge. Diese Stimmung soll hier vielfach wiedergegeben werden: Das zerkrnitterte Papier, die fahlen, dunklen Farben, Die Farben sind zwar „wässrig", aber trotzdem drückend.

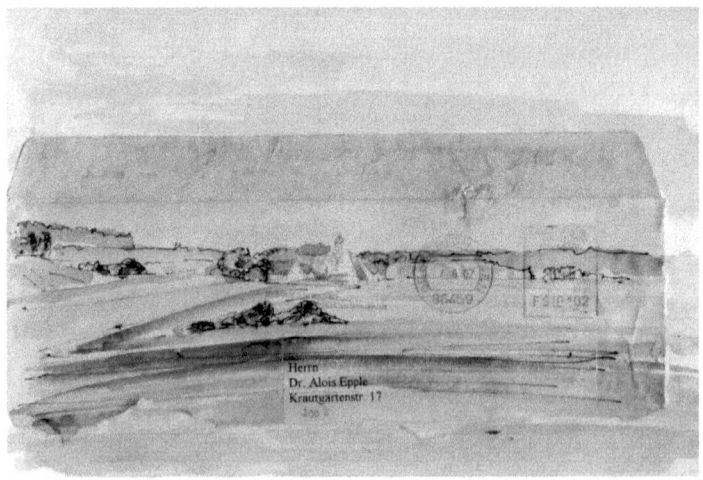

41 Oberschönenfeld, Collage mit Briefumschlag, Wasserfarben, Filzstift, 22 x 16,7 cm, um 1999
Der Bilderstempel auf dem Kuvert, als auch der Klebefalz werden hier bildhaft eingesetzt.

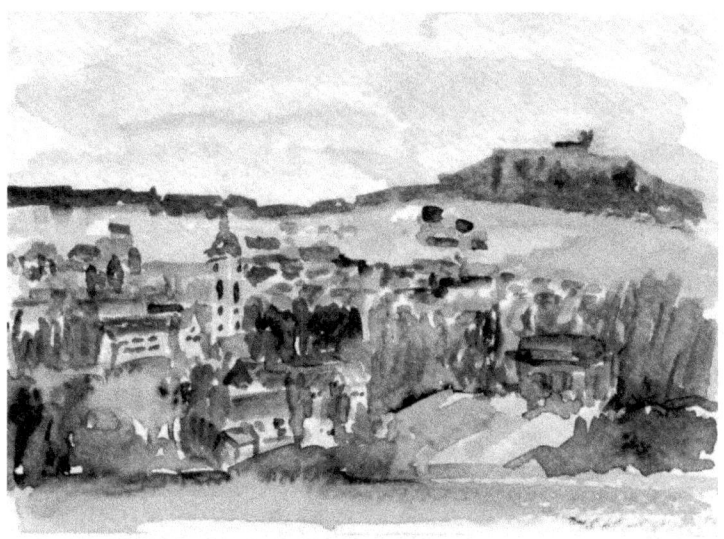

42 Weipert bei Sankt Joachimstal (Tschechien) Wasserfarben, 15,8 x 12 cm, August 1997
1997 besuchten wir Weipert, wo Erika geboren wurde und bis 1968 lebte.

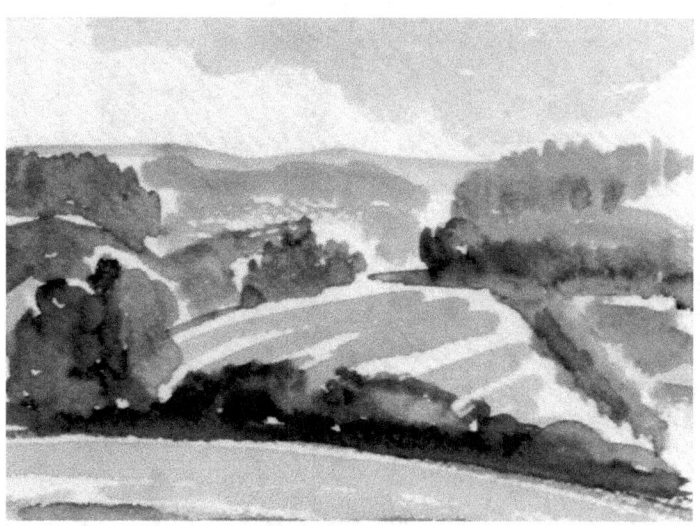

43 Bayerischer Wald, Wasserfarben, 14,7 x 10,8 cm, 1997
Der Bayerische Wald ist eine Mittelgebirgslandschaft in der sich Wald- und Kulturflächen abwechseln. Bei schlechtem Wetter hat man den Eindruck, als würde sich die Hügellandschaft im Himmel spiegeln.

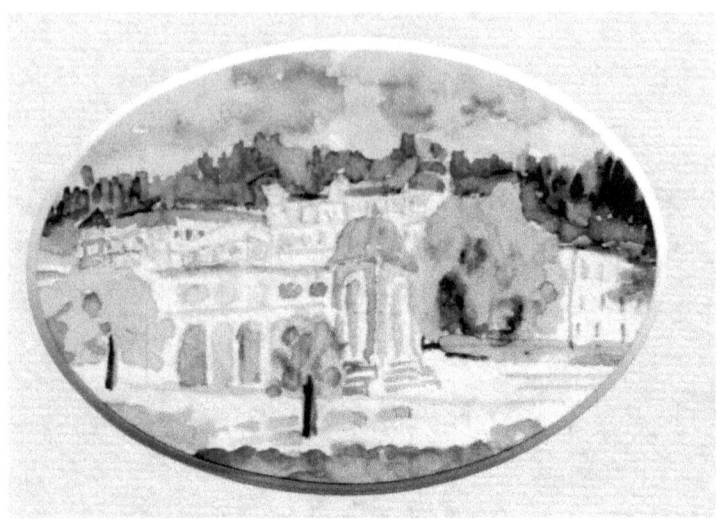

44 Marienbad, Wasserfarben, 10,8 x 8,2 cm, 1997
Im Vordergrund sieht man die Anlagen des Kurparks, nördlich dahinter mondäne Kurhotels des 19. Jahrhunderts und darüber der Wald.

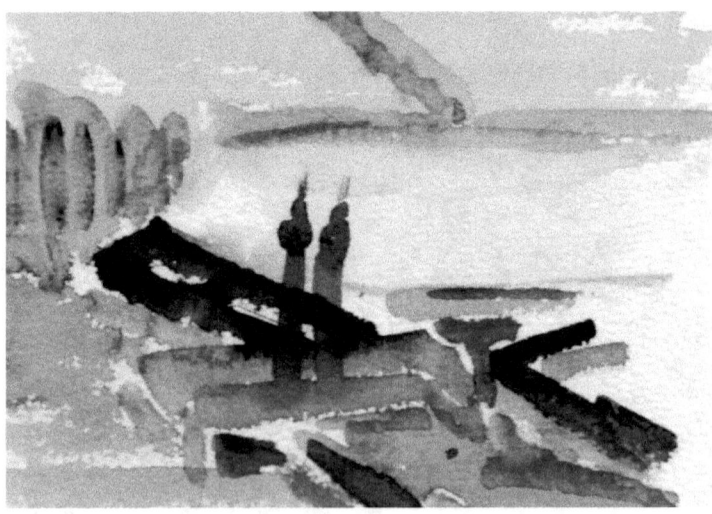

45 Kloster Tepl bei Marienbad, Wasserfarben, 14,7 x 10,9 cm, 1997
Nicht weit von Marienbad entfernt liegt das Prämonstratenserkloster Tepl, eine gewaltige Klosteranlage mit einer beeindruckenden Klosterkirche, umgeben von Wiesen und Wald.

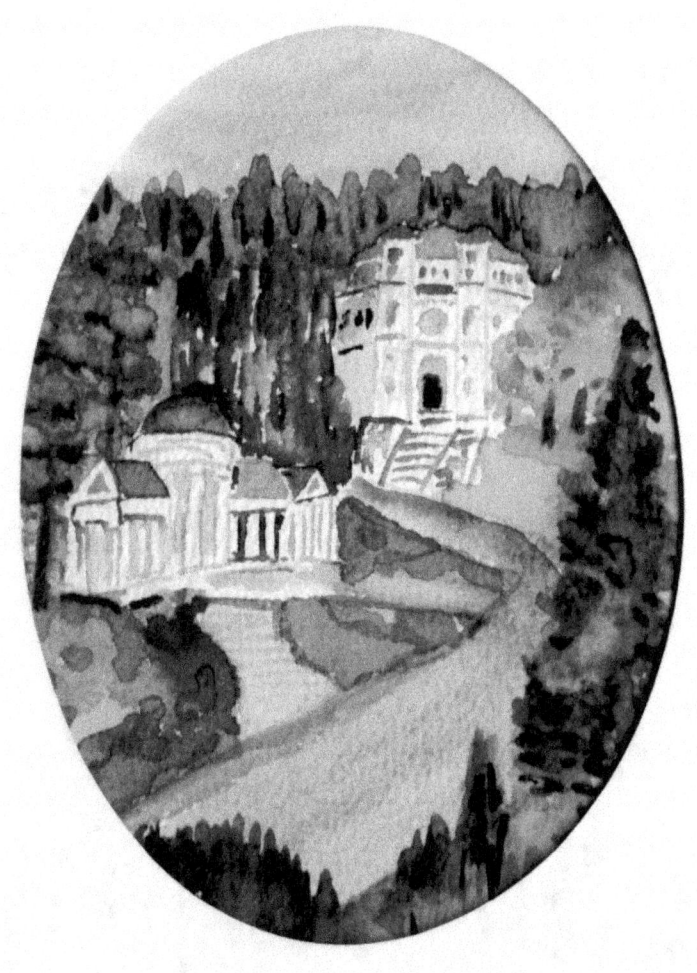

46 Marienbad, Wasserfarben, ca. 11 x 15 cm, 24.März.1997
Recht oben sieht man die kath. Kirche und links unterhalb eine Kuranlage von Marienbad. Das Weiß der Bauten und das Grün der Anlagen und des Waldes kontrastieren zu einer vornehmen Farbkombination. Um dem Bildchen einen bourgeoisen Anstrich zu geben wurde es oval gerahmt.

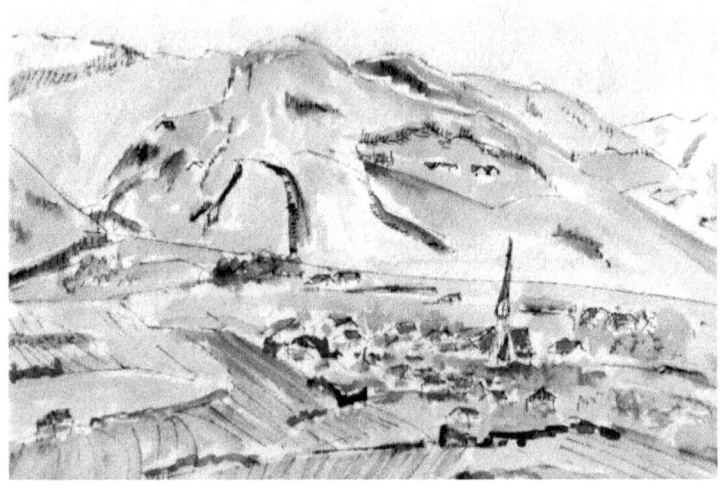

47 Südtirol, Wasserfarben, 24 x 17 cm, 1999
Im Tal liegen die Dörfer mit ihren, teils sehr alten Kirchen und Obstgärten. Dahinter steigen, an den Südhängen, Weinberge an, darüber Wald, darüber Fels.

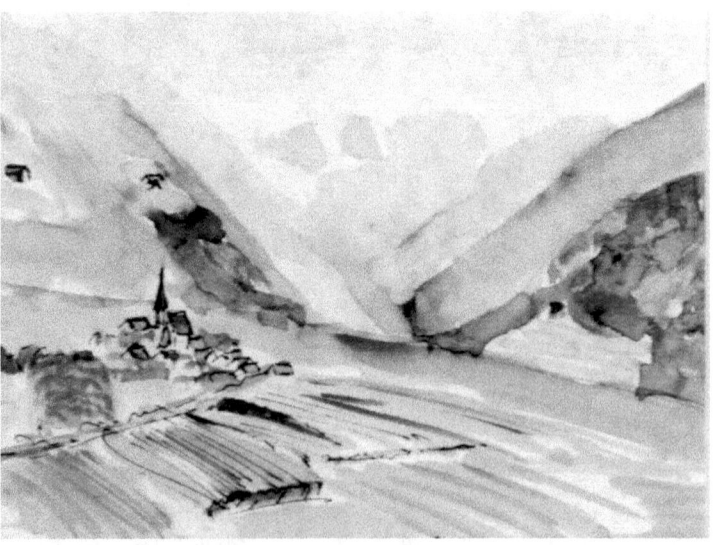

48 Vinschgau, Wasserfarben, 15 xc 11 cm, 1999

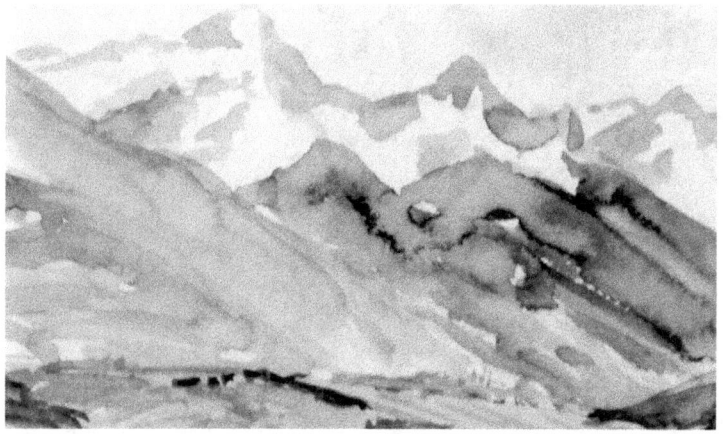

49 Südtirol, Wasserfarben, 13,5 x 8,3 cm, 1999

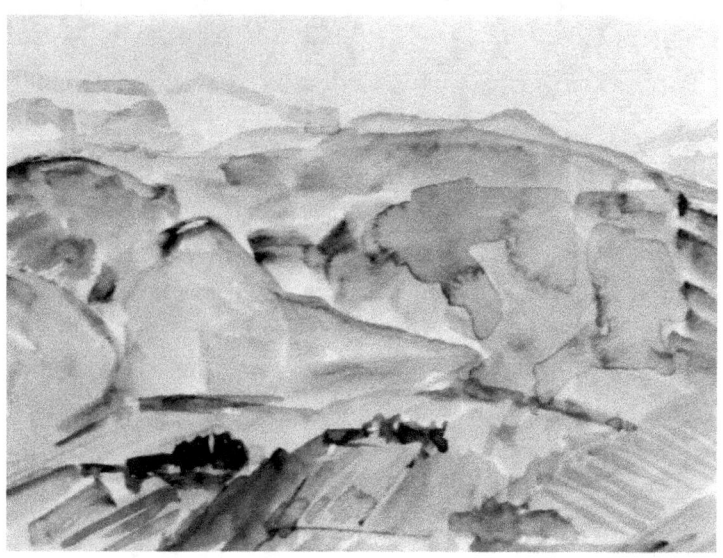

50 Südtirol, Wasserfarben, 14,7 x 10,8 cm, 1999

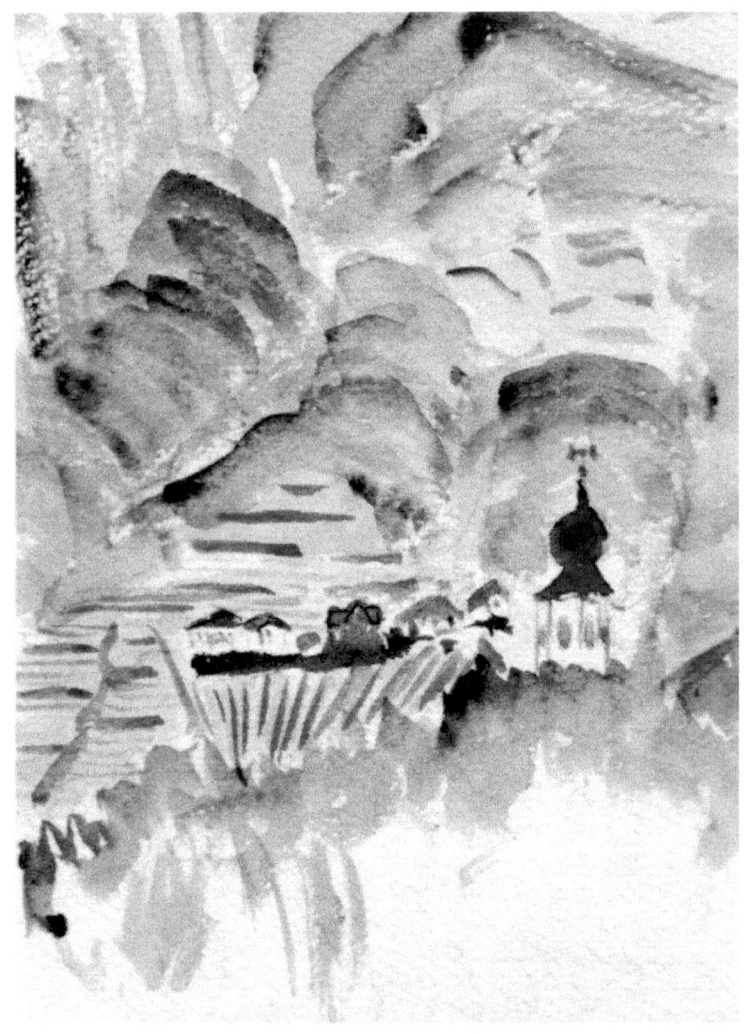

51 Naturns (Südtirol), Wasserfarben, 16 x 24 cm, im Mai 1999

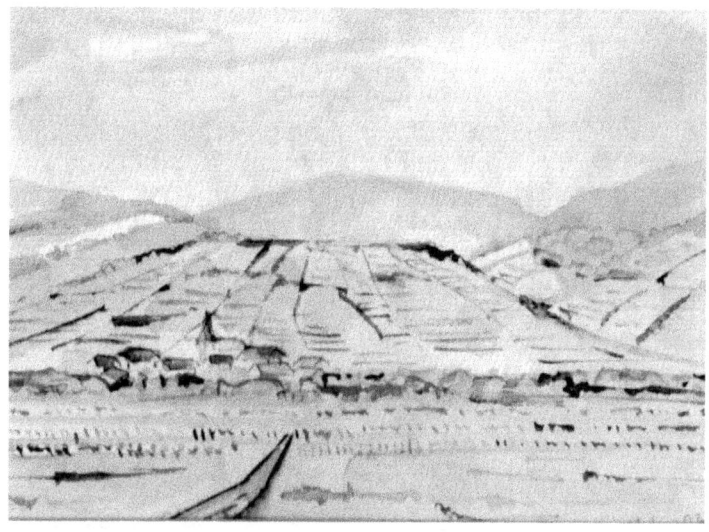

52 Wachau, Wasserfarben, 24 x 17cm 2003
2003 machten wir Urlaub in Rossatz, gegenüber von Dürnstein. Blickt man von hier nach Norden, über die Donau hinweg, so sieht man die Weinberge um Dürnstein und Spitz und die Hügel des Waldviertels.

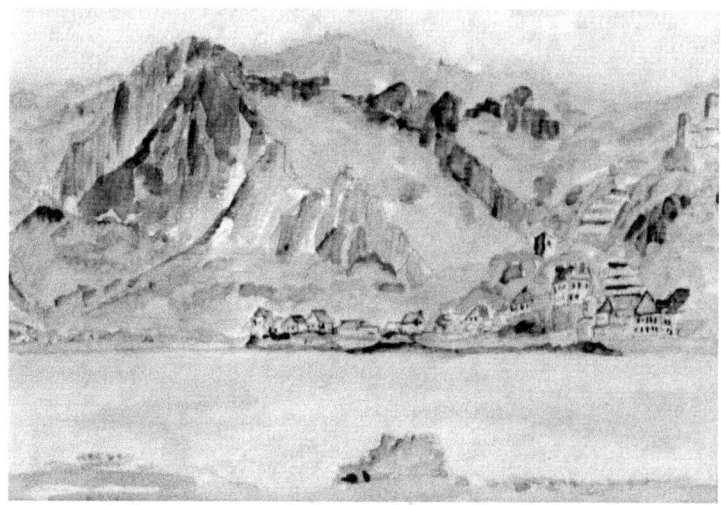

53 Wachau, Wasserfarben, 24 x 17 cm, 12. Juni 2003
Im Vordergrund fließt die Donau, im Hintergrund Dürnstein mit der Burgruine

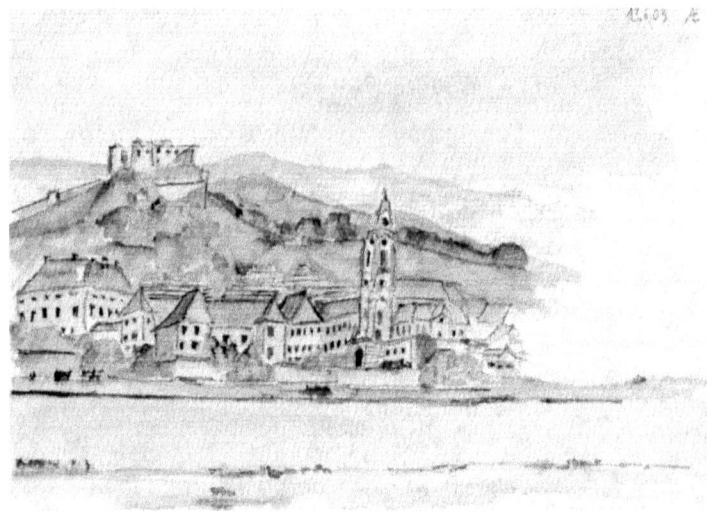

54 Blick über die Donau auf Dürnstein, Wasserfarben, 23,9 x 16,8, 13. Juni 2003

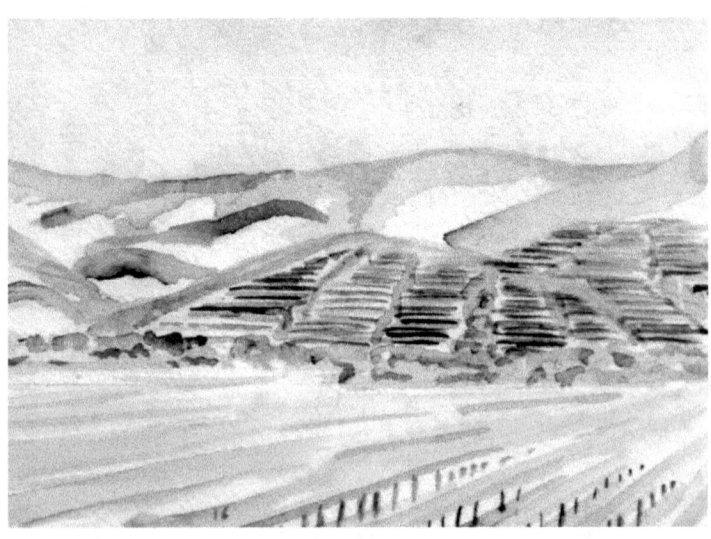

55 Wachau, Wasserfarben, 14,9 x 11, 5 cm, 2003

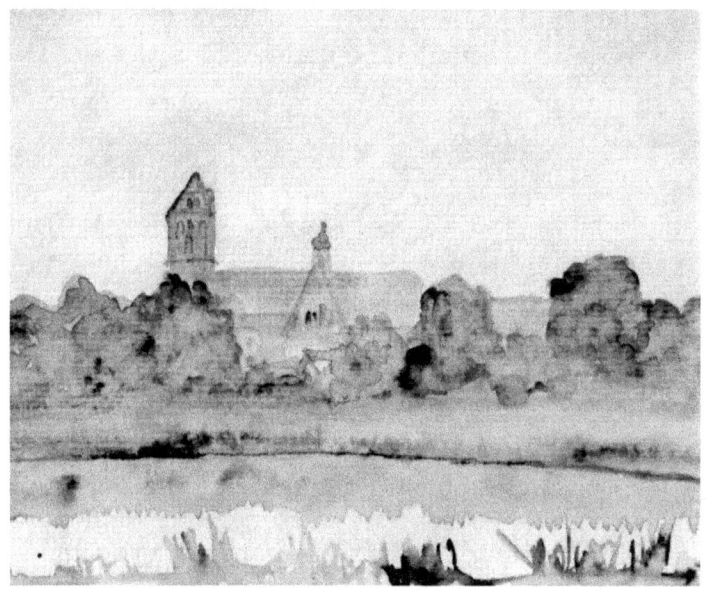

56 Güstrow, Wasserfarben, 24 x 17 cm, 2004

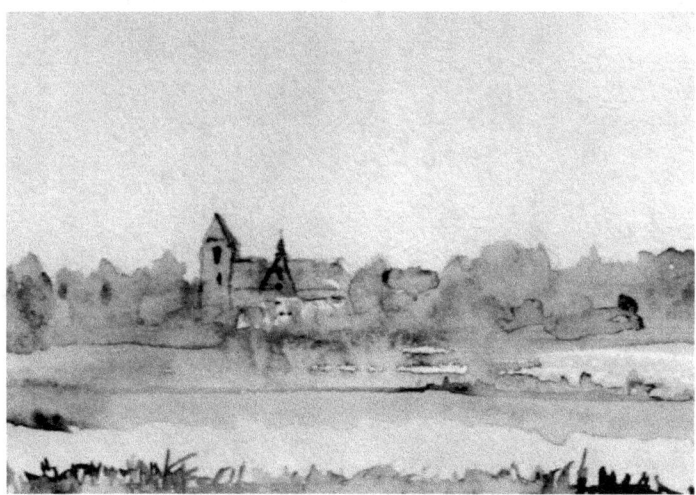

57 Güstrow, Wasserfarben, 14,8 x 10,8 cm, 2004
Die Barlachstadt Güstrow: Der rote Backsteindom wird gerahmt von Bäumen und Büschen. Im Vordergrund der wassergefüllte Stadtgraben.

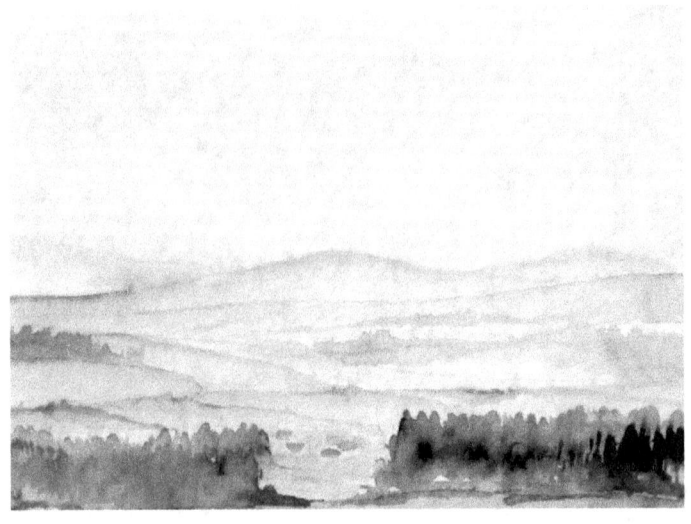

58 bei Marienbad, Wasserfarben 24 x 17 cm, 2004
Marienbad, wo ich öfter Kur machte, liegt an den Hängen des Böhmerwaldes. Im Morgendunst gehen die Berge fast unkenntlich in den Himmel über.

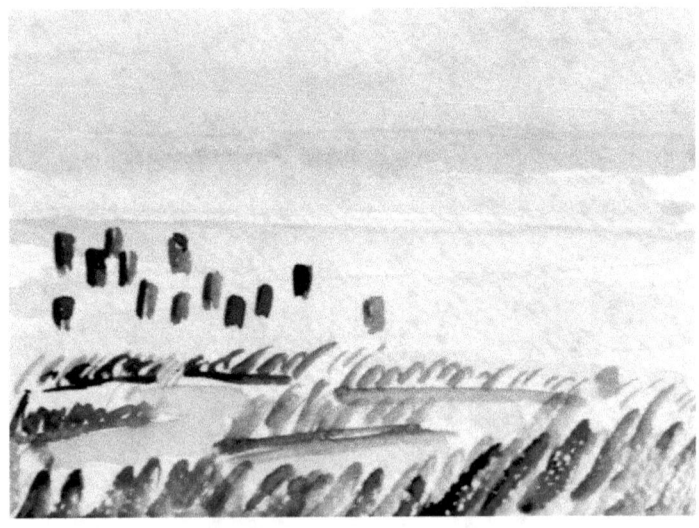

59 an der Nordsee, Wasserfarben, ca. 15 x 11 cm, 1992
Strandhafer und Strandkörbe stehen im Dünensand. Am Horizont kann man den Übergang von Meer und Himmel erahnen.

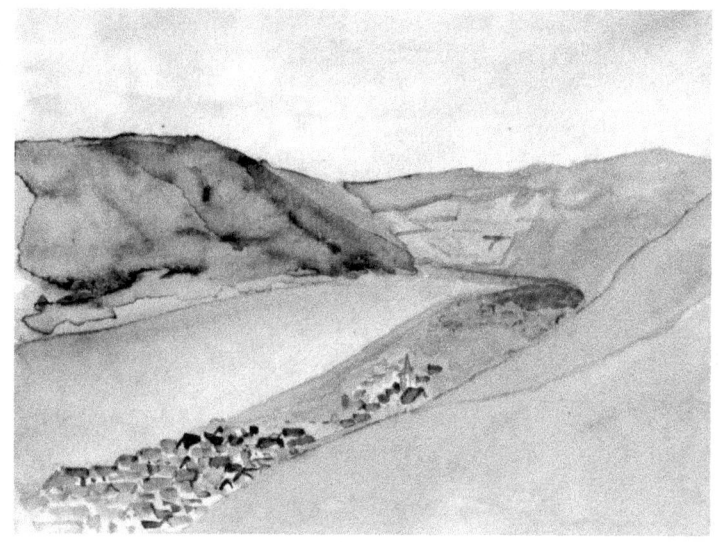

60 Mosel, Wasserfarben, 23 x 17 cm, 2004
Blick auf die Mosel. Im Hintergrund kann man Weinberge erkennen.

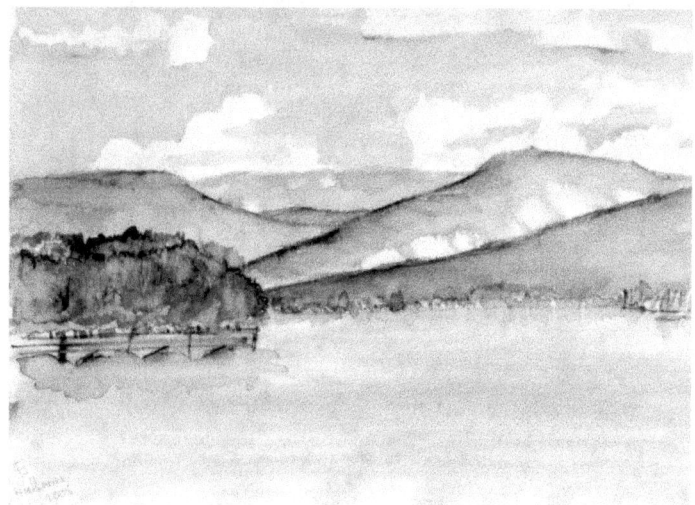

61 Wörthersee, Wasserfarben, 23 x 17 cm, August 2005
Auf dem Weg nach Kroatien (vgl. Abb. 62) machten wir eine Woche Halt am Wörthersee.
Links geht die Landzunge von Velden in den See.

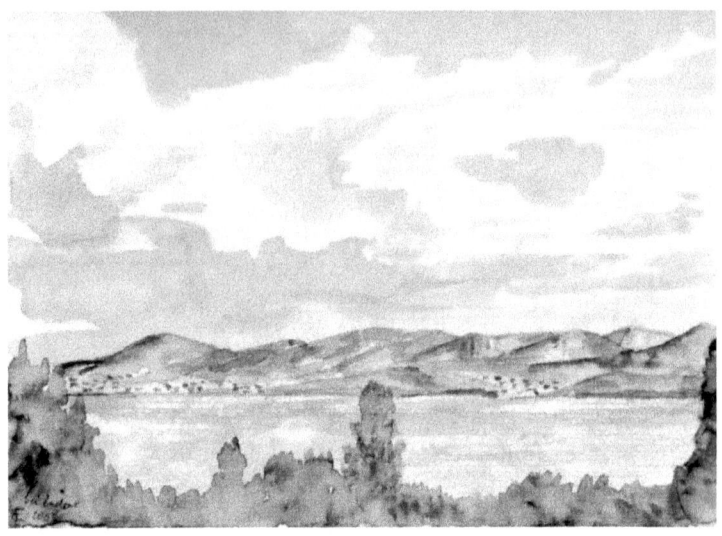

62 bei Zadar (Kroatien), Wasserfarben, 32 x 24,8 cm, August 2005
Im August 2005 machten wird eine Woche Urlaub bei Zadar. Im Hintergrund die Großteils kahlen Karstfelsen, an günstigen Küstenstellen liegen Fischerdörfer. Der Küstenbewuchs im Vordergrund zeigt, dass es sich hier um eine Bucht handelt.

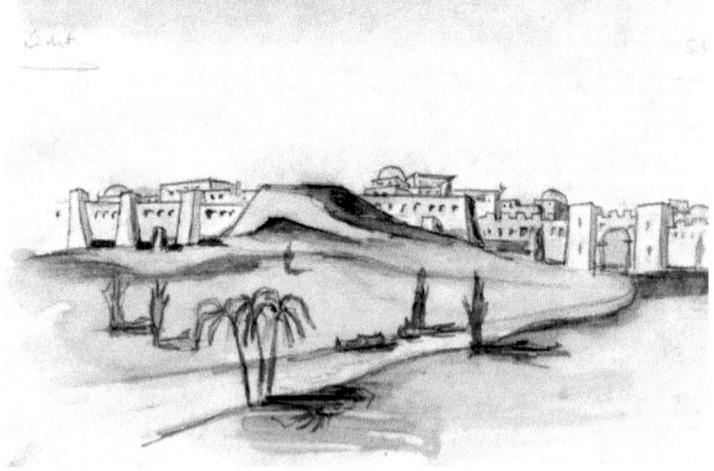

63 Entwurf für einen Krippenhintergrund, Bleistift und Wasserfarben, 32 x 23, 5 cm, 2005
Seit Advent 2005 baue ich in der Kapuzinerkirche in Türkheim eine Jahreskrippe auf. Für den Hintergrund dieser Krippe machte ich verschiedene Entwürfe.

www.ingramcontent.com/pod-product-compliance
Lightning Source LLC
Chambersburg PA
CBHW050030230526
45470CB00003B/1211